BEI GRIN MACHT SICH IHR WISSEN BEZAHLT

AF144270

- Wir veröffentlichen Ihre Hausarbeit,
  Bachelor- und Masterarbeit

- Ihr eigenes eBook und Buch -
  weltweit in allen wichtigen Shops

- Verdienen Sie an jedem Verkauf

Jetzt bei www.GRIN.com hochladen und kostenlos publizieren

Allgemeine Trainingslehre und Krafttraining. Entwicklung eines Trainingsplans zum Kraftaufbau

Tjorven Gehrke

Bibliografische Information der Deutschen Nationalbibliothek:

Die Deutsche Nationalbibliothek verzeichnet diese Publikation in der Deutschen Nationalbibliografie; detaillierte bibliografische Daten sind im Internet über http://dnb.d-nb.de abrufbar.

ISBN: 9783346433749
Dieses Buch ist auch als E-Book erhältlich.

© GRIN Publishing GmbH
Nymphenburger Straße 86
80636 München

Druck und Bindung: Books on Demand GmbH, Norderstedt Germany
Gedruckt auf säurefreiem Papier aus verantwortungsvollen Quellen

Das vorliegende Werk wurde sorgfältig erarbeitet. Dennoch übernehmen Autoren und Verlag für die Richtigkeit von Angaben, Hinweisen, Links und Ratschlägen sowie eventuelle Druckfehler keine Haftung.

Das Buch bei GRIN: https://www.grin.com/document/1027012

Inhaltsverzeichnis

1 Diagnose

1.1 Allgemeine und biometrische Daten

Tab. 1: Allgemeine und biometrische Daten der Testperson

Alter	24 Jahre
Geschlecht	Männlich
Körpergröße	184cm
Körpergewicht	75Kg
Motive	Muskelaufbau, dickere Oberarme, stärker werden
Berufliche Tätigkeit	Student
Aktuelle sportliche Aktivität	zwei Mal wöchentlich Hypertrophie Training, zwei Mal wöchentlich Kardiotraining
Frühere sportliche Aktivität	eine Stunde wöchentlich Fußball spielen
Zeitlicher Verfügungsrahmen	vier Tage in der Woche jeweils zwei Stunden
Blutdruck	125/83 mmHg
Oberarmumfang	38 cm
Orthopädische und internistische Probleme	-
Ärztliche Behandlung	-
Einnahme von Medikamenten	-
Sonstige Gesundheitliche Einschränkungen	-

Die Testperson unterliegt keinen gesundheitlichen Einschränkungen hinsichtlich eines umfangreichen Krafttrainings. Die Aufgenommenen Blutdruckwerte liegen in der Norm: 120-130/80-85 mmHg (Studienbrief „Medizinische Grundlagen" S. 208, Tab. 44: Phasen der Herzarbeit).

1.2 Krafttestung

Die Intensität des Krafttests wird über das subjektive Belastungsempfinden bestimmt. Diese Methode wird angewendet, da hier ‚dass zu bewältigende Gewicht, für die zukünftigen Trainingseinheiten nicht in Form von Tabellen abgeleitet wird, wie es bei dem Maximalkrafttest und dem Mehrwiederholungstest der Fall ist, dessen Methoden anzuzweifeln sind, da der koordinative Anteil kaum messbar und damit nicht ableitbar ist (Grosser & Neumaier, 1988, S.77; Fröhlich, Schmidtbleicher und Emrich, 2002, S. 79-83). Bei der Methode des subjektiven Belastungsempfinden wird das bewältigte Gewicht des Testsatzes für die zukünftigen Trainingseinheiten verwendet. Auf Grund, dass die Testperson bereits einige Jahre Erfahrung im Bereich Krafttraining gesammelt hat, werden die subjektiven Angaben des Gewichts über die Krafttrainingsspezifische RPE-Skala erfolgen. Beim Umgang dieser Skala gibt die Testperson die noch umsetzbaren Wiederholungen an, welche nach subjektiven Empfinden noch möglich sind. Die Praxis hat bewiesen, dass erfahrene Sportler sich auf Grundlage dieser Skala gut einschätzen können (Zourdos et al. 2016). Die Testperson unterliegt keinen gesundheitlichen Einschränkungen. Der gewählte Krafttest kann ohne Einschränkungen durchgeführt werden.

Zu beginn des Testablaufes wird eine Übung ausgewählt, diese muss dem Leistungsniveau des Sportlers entsprechen und darf ihn dem nach Koordinativ oder Gesundheitlich nicht überfordern. Die ausgewählte Übung für den ersten Testdurchlauf ist das Schrägbankdrücken mit einer Langhantel. Die Spanne der zu bewältigenden Wiederholungen richten sich nach dem bevorstehenden Mesozyklus. In diesem Fall wurde für den ersten Mesozyklus die Belastungsdosierung des Muskelaufbautrainings gesetzt. Der Sportler soll zwölf Wiederholungen mit einem Gewicht durchführen, welches er als schwer empfindet und womit er nach seiner subjektiven Einschätzung lediglich eine zusätzliche Wiederholung schafft. Bevor die Testperson mit dem ersten Durchlauf starten kann, muss sie sich zunächst aufwärmen. Hierfür geht der Sportler zehn Minuten auf das Laufband und versucht dabei eine Geschwindigkeit zu ermitteln, bei der die Herzfrequenz 125-136 Schläge pro Minute beträgt. Kontrolliert wird dies über den integrierten Handpulsmesser des Laufbandes. Anschließend wird die Brustmuskulatur und der Trizeps gedehnt. Zum Abschluss der Aufwärmphase führt die Testperson eine unbestimmte Anzahl an Wiederholungen, der Übung Schrägbankdrücken mit einer Langhantel aus. Dabei wird lediglich die Stange ohne Zusatzgewicht verwendet. Danach kann die Testperson mit dem Krafttest beginnen. Der Trainer schätzt das Einstiegsgewicht für den ersten Testdurchlauf. Er entscheidet sich für 55 Kg. Die Testperson führt den ersten Testdurchlauf aus und schätzt, dass er noch zwei zusätzliche Wiederholungen schafft. Daraufhin erhöht der Trainer das Gewicht auf 60 Kg. Der Sportler führt den zweiten Testdurchlauf aus und bewältigt die zwölf Wiederholungen laut eigener Aussage mit submaximaler Anstrengung. Er erklärt, dass lediglich eine weitere Wiederholung möglich gewesen wäre.

Damit ist der Krafttest abgeschlossen und das Gewicht von 60 Kg wird beim Schrägbankdrücken für zukünftigen Wiederholungen, des darauf folgenden Zyklus, verwendet.

Die Tab. 2 zeigt alle durchgeführten Übungen, inklusive der daraus resultierenden Ergebnisse für den Krafttest.

Tab. 2:   Krafttest nach subjektiven Belastungsempfinden

Testübung	Wiederholung	1. Testsatz	2. Testsatz	3. Testsatz	Ergebnis
Beinbeuger	12	40 Kg	55 Kg	60 Kg (X)	57,5 Kg
Kreuzheben	12	50 Kg	60 Kg (smA)	-	60 Kg
Abduktion am Kabelzug (Bein)	12	6 Kg (smA)	-	-	6 Kg
Adduktion am Kabelzug (Bein)	12	11 Kg	13 Kg (smA)	-	13 Kg
Crunches mit Zusatzgewicht	12	5 Kg (smA)	-	-	5 Kg
Kurzhantel Seitbeugen	12	10 Kg	12,5 Kg	15 Kg (smA)	15 Kg
Latzug	12	40 Kg	55 Kg	60 Kg (X)	57,5 Kg
Langhantelschrägbankdrücken	12	55 Kg	60 Kg (smA)	-	60 Kg
Fliegende mit Kurzhanteln	12	10 Kg	12,5 Kg	15 Kg (smA)	15 Kg
Rudern am Kabelzug	12	55 Kg	60 Kg	65 Kg (X)	62,5 Kg

4

Seitheben mit Kurzhanteln	12	10 Kg (X)	7,5 Kg (smA)	-	7,5 Kg
Nackenheben mit Kurzhanteln	12	10 Kg	15 Kg	17,5 Kg (smA)	17,5 Kg
Bizeps Curls mit Kurzhanteln	12	12,5 Kg	15 Kg (smA)	-	15 Kg
Trizeps Kickbacks	12	5 Kg	7,5 Kg (smA)	-	7,5 Kg

(X)= die Testperson konnte die festgelegte Wiederholungszahl nur mit maximaler Anstrengung oder gar nicht bewältigen

(smA)= submaximale Anstrengung, lediglich eine zusätzliche Wiederholung möglich

Die Testergebnisse können für einen intraindividuellen Leistungsvergleich genutzt werden, sofern ein erneuter Testablauf unter dem Gütekriterium der Reliabilität erfolgt. Des Weiteren stellen die Ergebnisse das Gewicht für das anschließende Training dar.

2 Zielsetzung/Prognose

Tab. 3:   Ableitung von Zielen

Inhalt	Ausmaß	Zeit
Muskelaufbau	+2 Kg Körpergewicht/ Körperfettanteil undefiniert senken	6 Monate
Kraftzuwachs	Durchschnittlich 20% aller Krafttests	6 Monate
dickere Oberarme	Oberarmumfamg +2 cm	6 Monate

Als valide Messinstrumente bezüglich des Muskelaufbaus wird eine Waage zur Ermittlung des Körpergewichts und ein Caliper zur Ermittlung des Körperfettanteils verwendet. Der Körperfettanteil wird mittels der drei-Punkt Messung berechnet. Zur Kontrolle des Kraftzuwachses wird der Durchschnitt aller durchgeführten Krafttests protokolliert. Um die Breite des Oberarms zu analysieren verwendet man ein Maßband. Alle Tests werden unmittelbar vor Beginn des Makrozyklus und alle Re-Tests unmittelbar nach dem Mak-

5

rozyklus durchgeführt. Die Rahmenbedingungen sollten bei allen Tests und den dazugehörigen Re-Tests möglichst identisch sein. Um zu kontrollieren ob die Ziele erreicht wurden, werden alle Tests mit den dazugehörigen Re-Tests verglichen.

3 Trainingsplanung Makrozyklus

Tab. 4: Makrozyklusplanung

	Mesozyklus 1	Mesozyklus 2	Mesozyklus 3	Mesozyklus 4
Dauer	6 Wochen	6 Wochen	6 Wochen	6 Wochen
Trainingsziel	Muskelaufbautraining	Muskelaufbautraining	Muskelaufbautraining	Muskelaufbautraining
Einheiten/Woche	3	3	3	3
Organisationsform	Ganzkörpertraining	Ganzkörpertraining	Ganzkörpertraining	Ganzkörpertraining
Übungen/Muskelgruppe	1 bis 2	1 bis 2	1 bis 2	1 bis 2
Sätze/Übung	3	4	4	4
Satzpausen	2 Minute	2 Minute	2 Minute	2 Minuten
Wiederholungen	12	10	8	6
Intensität nach Trainingsspezifischer RPE-Skala	9 (smA)	9 (smA)	9 (smA)	9 (smA)
Bewegungstempo (TUT)	2-0-2	2-0-2	2-0-2	2-0-2

smA: submaximale Anstrengung

Die Variante des sanften Krafttrainings nach dem subjektiven Belastungsempfinden (Studienbrief Trainingslehre I S. 200 Tab. 35 sanftes Krafttraining nach dem subjektiven Belastungsempfinden (modifiziert nach Boeckh und Behrens et al., 2002, S.47)) wird verwendet, auf Grund der aufgeführten Trainingseffekte Muskelaufbau und Verbesserung der Maximalkraft, im Bereich Muskelaufbautraining. Diese stimmen mit den genannten Motiven des Sportlers überein. Die Testperson kann auf Grund der bereits gesammelten Erfahrung im Bereich Krafttraining mehr als drei Sätze pro Übung ausführen, sowie es im Mesozyklus 1, 2 und 3 mit jeweils vier Sätzen je Übung gefordert wird. Die zu absolvierenden Einheiten pro Woche sind ebenfalls auf die bereits fortgeschrittene Erfahrung des Kraftsportlers nach dem Model „sanftes Krafttraining" abgeleitet. Da die Testperson keinen gesundheitlichen Einschränkungen unterliegt, kann der Trainingsplan ohne Bedenken vollzogen werden.

Die Testperson absolviert über den gesamten Makrozyklus drei Einheiten pro Woche in einem Ganzkörpertraining, da diese Belastungshäufigkeit den größten Trainingserfolg, hinsichtlich des Muskelwachstum, verspricht (Wirth, Atzor und Schmidtbleicher, 2007, S. 178-183). Im Bezug auf die Intensität des Krafttrainings soll der Sportler, in allen Mesozyklen, nicht bis zur maximalen Anstrengungen trainieren. Dies wäre für ein Muskelaufbautraining zwar am effektivsten, allerdings führt ein solches Training zu kardiovaskulären Belastungen und ist hinsichtlich dessen, im Freizeit- und Gesundheitssport nicht zu empfehlen (Buskies, 1999, S. 316-320). Die Testperson soll die Übungen bis zur submaximalen Anstrengung durchführen. In diesem Fall wurde die Trainingsspezifische RPE Skala mit dem Wert neun, lediglich eine zusätzliche Wiederholung möglich, bewertet. Da die Übungen in allen Mesozyklen mit submaximaler Anstrengung ausgeführt werden sollen und keine volle Belastung im Satz ausgeübt wird, findet im gesamten Trainingsplan durchgehend ein Mehrsatztraining statt , um einen Maximalen Muskelaufbau zu gewährleisten. Bei Fortgeschrittenen Kraftsportlern hat sich diese Methode bereits bewährt (Kelly et al. 2007). Im ersten Mesozyklus werden jeweils nur drei Sätze pro Übung ausgeführt, da im Gegensatz zu den anderen Mesozyklen, in denen vier Sätze pro Übung durchgeführt werden, zwölf Wiederholungen je Satz vorgesehen sind und der Sportler nicht bis zum muskulären versagen trainieren soll. Im zweiten bis vierten Mesozyklus sind jeweils vier Sätze vorgesehen, da die Wiederholungszahl deutlich geringer als im ersten Satz ausfällt. In allen Mesozyklen sind ein bis zwei Übungen pro Muskelgruppe, in einer Trainingseinheit geplant, um alle anatomischen Funktion in einer Woche abzudecken. Dies ist möglich, da der Sportler drei Trainingstage, als Ganzkörpertraining, in der Woche absolvieren soll. Die Trainingseinheiten werden inklusive des Aufwärmens und des Abkühlens nicht länger als die vom Sportler zur Verfügung gestellte Zeit beanspruchen. Die zur Verfügung gestellten Tage werden ebenfalls nicht im vollem Umfang benötigt.

In allen Mesozyklen wird das Trainingsziel des Muskelaufbautrainings verfolgt. Dieses deckt nämlich alle Motive des Sportlers ab. Mittels einer linearen Blockperiodisierung

7

wird ein langfristiger Kraftzuwachs generiert. Des weiteren wird eine Leistungsstagnation verhindert (Kempf, 2014, S. 9). Die Muskulatur wird unterschiedlichen Reizen ausgesetzt, da die Wiederholungen von Zyklus zu Zyklus weniger werden. Parallel dazu wird das Gewicht gesteigert, sodass das subjektive Belastungsempfinden nach der Trainingsspezifischen RPE-Skala immer nach dem gleichen Wert eingestuft wird.

4 Trainingsplanung Mesozyklus

Tab. 5:   Mesozyklusplanung

Mesozyklus:	1
Zyklusdauer:	6 Wochen
Einheiten/Woche:	3
Übungen/Muskelgruppe:	1 bis 2
Bewegungstempo (TUT):	2-0-2
Trainingsziel:	Muskelaufbautraining
Organisationsform:	Ganzkörpertraining
Satzpausen:	2 Minuten

Übungen	Sätze	Wiederholungen	Intensität Montag Woche 1-6	Intensität Mittwoch Woche 1-6	Intensität Freitag Woche 1-6
Beinbeuger	3	12	57,5 Kg	-	-
Kreuzheben	3	12	60 Kg	-	-

Übungen	Sätze	Wiederholungen	Intensität Montag Woche 1-6	Intensität Mittwoch Woche 1-6	Intensität Freitag Woche 1-6
Abduktion am Kabelzug (Bein)	3	12	-	6 Kg	-
Adduktion am Kabelzug (Bein)	3	12	-	-	13 Kg
Crunches mit Zusatzgewicht	3	12	5 Kg	-	5 Kg
Kurzhantel Seitbeugen	3	12	15 Kg	15 Kg	-
Latzug	3	12	-	57,5 Kg	-
Schrägbankdrücken (Langhantel)	3	12	60 Kg	-	60 Kg
Fliegende mit Kurzhanteln	3	12	-	15 Kg	-
Rudern am Kabelzug	3	12	-	62,5 Kg	62,5 Kg
Seitheben mit Kurzhanteln	3	12	-	7,5 Kg	7,5 Kg
Nackenheben mit	3	12	17,5 Kg	-	-

9

Übungen	Sätze	Wiederholungen	Intensität Montag Woche 1-6	Intensität Mittwoch Woche 1-6	Intensität Freitag Woche 1-6
Kurzhan-teln					
Bizeps Curls mit Kurzhan-teln	3	12	15 Kg	15 Kg	15 Kg
Trizeps Kickbacks	3	12	7,5 Kg	7,5 Kg	7,5 Kg

Der Schwerpunkt der ausgewählten Übungen bezieht sich auf den Freihantelbereich, da hier viele Vorteile für einen Fortgeschrittenen Sportler im Vergleich zu den maschinengeführten Übungen vorhanden sind: es werden mehr Synergisten mit einbezogen, die intermuskuläre Koordination wird besser geschult, der Transfer auf Alltagsspezifische Bewegungsmuster ist deutlich höher. Allerdings kann man bei den Freihantelübungen keinen Einfluss auf den äußeren Drehmoment nehmen, deswegen findet für eine präzisere Beanspruchung des Muskels in etwa ein drittel der Ausgewählten Übungen am Seilzug statt. Dieser bietet in etwa die gleichen Vorteile, wie das Freihanteltraining, allerdings ist hier der Transfer auf die Alltagsspezifischen Bewegungsmuster geringer. Lediglich eine Übung im Trainingsplan wird an der Maschine ausgeführt. Die Testperson hat in den vergangen Trainingsjahren die Flexion im Kniegelenk deutlich vernachlässigt. Deswegen wird für eine Isolierung des zweiköpfigen Oberschenkelmuskels an der geführten Beinbeugermaschine trainiert. Ein spezieller Fokus liegt beim Trainingsplan auf der Armmuskulatur, da die Testperson das Ziel geäußert hat seinen Oberarmumfang zu vergrößern. Es wird an jeden Trainingtag der Bizeps und der Trizeps isoliert trainiert. Ansonsten wurde der Trainingsplan ausgewogen gestaltet. Zu jedem Agonisten wird in der gleichen Woche der dazugehörige Antagonist trainiert. Es wurde darauf geachtet, dass an jedem Trainingstag jede Muskelgruppe trainiert wird und dass in einer Woche alle anatomischen Funktionen des Körpers abgedeckt werden. Der Trainingsplan beinhaltet sowohl eingelenkige, wie auch mehrgelenkige Übungen. Der Vorteil darin liegt, dass man mit den mehrgelenkigen Übungen verschiedene Muskelgruppen in kürzerer Zeit ansteuern kann. Des weiteren bietet diese Trainingsmehtode eine Verbesserung der intermuskulären Koordination und einen erhöhten Transfer auf Alltagsspezifische Bewegungsmuster. Während die eingelenkigen Übungen den Vorteil haben, dass sie ein isoliertes Training mit einer geringen Möglichkeit für Ausweichbewegungen bieten. Durch die Integration Beider sind alle Vorteile im Training für die Unterschiedlichen Muskelgruppen gewährleistet. Da die Testperson keine gesundheitlichen Einschränkungen aufweist und ein fortgeschrittener Kraftsportler ist, können beide Übungsvarianten durchgeführt werden.

Im Folgenden werden alle Übungen mit deren Nutzen, und den primär beanspruchten Muskeln tabellarisch zusammengefasst.

Tab. 6:   Übungsübersicht

Übungen	Muskeln (Primär)	Nutzen
Beinbeuger	zweiköpfiger Oberschenkelmuskel	optische Dysbalance zwischen Ober- und Unterkörper ausgleichen
Kreuzheben	Rückenstrecker, vierköpfiger Oberschenkelmuskel, großer Gesäßmuskel, Zwillingswadenmuskel	Transfer in den Alltag (Kisten und Kartons tragen)
Abduktion am Kabelzug (Bein)	Großer, mittlerer und kleiner Gesäßmuskel	Gleichgewicht verbessern
Adduktion am Kabelzug (Bein)	langer, großer und kleiner Oberschenkelanzieher	Gleichgewicht verbessern
Crunches mit Zusatzgewicht	gerader Bauchmuskel	optische Gründe (Training für das Sixpack)
Kurzhantel Seitbeugen	äußerer und innerer schräger Bauchmuskel	optische Gründe (Training für das Sixpack)
Latzug	breiter Rückenmuskel, zweiköpfiger Oberarmmuskel	optische Gründe (Training für einen breiten Rücken)

11

Übungen	Muskeln (Primär)	Nutzen
Langhantelschrägbankdrücken	großer Brustmuskel, Deltamuskel vorderer Anteil, dreiköpfiger Oberarmmuskel	optische Gründe (gut ausgeprägte Brustmuskulatur)
Fliegende mit Kurzhanteln	großer Brustmuskel	optische Gründe (gut ausgeprägte Brustmuskulatur)
Rudern am Kabelzug	Rückenstrecker, Trapezmuskel, Deltamuskel hinterer Anteil, zweiköpfiger Oberarmmuskel	Prophylaxe für Rundrücken
Seitheben mit Kurzhanteln	Schulterblattheber, Trapezmuskel, Deltamuskel mittlerer Anteil	gegen Nackenverspannungen
Nackenheben mit Kurzhanteln	Schulterblattheber, Trapezmuskel	gegen Nackenverspannungen
Biceps Curls mit Kurzhanteln	zweiköpfiger Oberarmmuskel	optische Gründe (breite Oberarme)
Trizeps Kickbacks	Deltamuskel hinterer Anteil, dreiköpfiger Oberarmmuskel	optische Gründe breite Oberarme

12

5 Literaturrecherche

Tab. 7: Studien: Effekte des Krafttrainings bei Rückenbeschwerden

Studie	Die Auswirkungen der Stärke der Lendenwirbelsäule auf Behinderung und Mobilität bei Patienten mit anhaltenden Schmerzen im unteren Rückenbereich	Auswirkungen des funktionellen Krafttrainings auf Fitness und Lebensqualität bei Frauen mit chronischen unspezifischen Schmerzen im unteren Rückenbereich
Wer hat die Studie durchgeführt?	Pieter H Helmhout, Maroles Witjes, Ria W. Nijhuis-VAN DER Sanden, Carel Bron, Michiel van Aalst, J Bart Staal	Juan M. Cortell-Tormo, Pablo Tercedor Sánchez, Ivan Chulvi-Medrano, Juan Tortosa-Martínez, Carmen Manchado-López, Salvador Llana-Belloch, Pedro Pérez-Soriano
In welchem Jahr wurde die Studie publiziert?	2016	2018
Welche Forschungsfrage wurde untersucht?	Verringern spezifische Übungen von Beugungen und Streckungen die sagittale Hypomobilität?	Welche Auswirkung hat ein zwölf-wöchiges funktionelles Widerstandstraining auf die gesundheitsbezogene Lebensqualität, Behinderung, Körperschmerzen und körperliche Fitness bei Frauen mit CLBP
Mit welchen Versuchspersonen wurde die Studie durchgeführt?	Eine Gruppe von Patienten, Gruppengröße unbekannt, mit anhaltenden Beschwerden im unteren Rücken über mindestens zwei Jahre	19 Frauen mit CLBP
Wie sah der Versuchsaufbau der Studie aus?	Die Gruppe nahm einmal wöchentlich an einem elf-wöchigen progressiven Krafttraining für den Lendenwirbelstrecker teil. Zu Beginn wurde die sagittale Beweglichkeit der Lendenwirbelsäule in der Flexion und Extension mit Hilfe eines Computergestützten Neigungsmessers bestimmt. Die Schmerzintensität wurde unter der Verwendung einer visuellen Analogskala gemessen. Der rückenbezogene Funktionsstatus wurde mit der Quebec Back Pain Disability Scale und dem Fragebogen zu spezifischen Beschwerden bewertet.	Die Teilnehmer wurden einer Übungsgruppe zugeordnet. Zu Studienbeginn und über einen Zeitraum von 12 Wochen wurden die Teilnehmer 24 mal 2-mal wöchentlich getestet. Die Körperschmerzen wurden mittels der visuellen Analogskala, die Behinderung mit dem Oswestry Disability Index und die gesundheitsbezogene Lebensqualität mit dem SF-36 ermittelt. Die körperliche Fitness wurde mit Hilfe folgender Tests gemessen: Flamingo-Test, Rückenausdauertest, Seitenbrückentest, Abdominal-Curl-Up-Test und 60-s-Squat-Test.
Welche relevanten Ergebnisse und Schlussfolgerungen lieferten die Studien?	Ergebnisse: Schmerzen statisch (Abnahme 28%), Funktionelle Behinderung (Abnahme 23% bis 36%), die meisten Fortschritte gelangen in den ersten fünf Behandlungswochen, Beweglichkeit der Lendenwirbelsäule in der Flexion (nicht wesentlicher Anstieg +12%), Änderungen der Flexions- und Extensionsmobilität vor und	Ergebnisse: Verbesserung der körperlichen Funktion (10%), Körperschmerzen (42%), Vitalität (31%),der physischen Komponenten (15%), visuelle Analogskala (62,5%), Oswestry Disability Index (61,3%), Gleichgewicht (58%), Aufrollen (83%), Kniebeugen (22%), statischer Rücken (67%) und Seitenbrücke (56%)

nach der Behandlung trugen nicht signifikant zu den Modellen bei, die beibehaltenen Faktoren zusammen ergaben 15% bis 48% der Variation des Ergebnisses Schlussfolgerung: Verbesserung bei Schmerzen und Behinderung, keine unbedingte Verbesserung der Beweglichkeit der Lendenwirbelsäule	Schlussfolgerung: Periodisiertes funktionelles Widerstandstraining verringert Schmerzen und Behinderung und verbessert die Gesundheitsbezogene Lebensqualität, das Gleichgewicht und die körperliche Fitness bei Frauen mit CLBP und kann daher bei dieser Zielgruppe sicher angewendet werden.

(Helmhout, Witjes et al. 2017) und (Cortell-Tormo et al. 2018)

14

6   Literaturverzeichnis

Buskies, W. (1999). Sanftes Krafttraining nach dem subjektiven Belastungsempfinden
versus Training bis zur muskulären Ausbelastung. *Deutsche Zeitschrift für
Sportmedizin, 50* (10), 316-320.

Cortell-Tormo, J M. Sánchez, P T. Chulvi-Medrano, I. Totosa-Martínez, J. Mancha
do-López, C. Llana-Belloch, S. et al. (2018). Effects of functional resistance
training on fitness and quality of life in females with chronic nonspecific low-
back pain. *Journal of Back and Musculoskeletal Rehabilitation, 31* (1), 95-105.

Eifler, C. (2020). *Studienbrief Medizinische Grundlagen-Physiologie der Herzarbeit S.
208,* (rev.23.036.000). Saarbrücken: Deutsche Hochschule für Prävention und
Gesundheitsmanagement.

Eifler, C. (2020). *Studienbrief Trainingslehre I-Krafttraining auf der Basis des
subjektiven Belastungsempfinden S. 200,* (rev.23.038.000). Saarbrücken:
Deutsche Hochschule für Prävention und Gesundheitsmanagement.

Fröhlich, M. Schmidtbleicher, D. & Emrich, E. (2002). Belastungssteuerung im
Muskelaufbautraining Belastungsnormativ Intensität versus Wiederholungszahl.
Deutsche Zeitschrift für Sportmedizin, 53 (3), 79-83.

Grosser, A. & Neumaier, M. (1988). *Kontrollverfahren zur Leistungsoptimierung.*
Schorndorf: Hofmann.

Helmhout, P H. Witjes, M. Nijhuis-VAN DER Sanden, R W. Bron, C. Van Aalst, M. &
Staal, J B. (2017). The effects of lumbar extensor strentgh on disability and
mobility in patients with persisten low back pain. *The Journal of Sports
Medicine and Physical Fitness, 57* (4), 411.

Kelly, S B. Brown, L E. Coburn, J W. Zinder, S M. Gardner, L M. & Nguyen, D. (2007).
The effect of single versus multiple sets on strength. *Journal of Strentgh and
Conditioning Research, 21* (4), 1003-1006.

Kempf, H D. (2014). *Funktionelles Training mit Hand- und Kleingeräten: Das
Praxisbuch.* Heidelberg: Springer-Verlag.

Wirth, K. Atzor, K R. & Schmidtbleicher, D. (2007). Veränderung der Muskelmasse in Abhängigkeit von Trainingshäufigkeit und Leistungsniveau. *Deutsche Zeit schrift für Sportmedizin, 58* (6), 178-183.

Zourdos, M C. Klemp, A. Dolan, C. Quiles, J M. Schau, K A. Jo, E. et al. (2016). Novel resistance training-specific rating of perceived exertion scale measuring repetitions in reserve. *Journal of Strentgh and Conditioning Ressearch, 30* (1), 267-275.